Pietro Archiati

Die Kraft der Positivität und des Vertrauens

Über die Kunst, aus allem das Beste zu machen

Öffentlicher Vortrag
in verschiedenen Städten (2004-2005)

2. Auflage 2011 (11. - 20. Tausend)

Herausgeber: Archiati Verlag e. K. (Monika Grimm), Bad Liebenzell
Korrektorat: Dr. Gerhard Hüttig, Schwanewede
Druck: Memminger MedienCentrum, Memmingen

ISBN: 978-3-86772-228-5

Archiati Verlag
Burghaldenweg 37 · D-75378 Bad Liebenzell
Telefon: (07052) 935284 · Telefax: (07052) 934809
anfrage@archiati-verlag.de · www.archiati-verlag.de

Inhaltsübersicht

Die Kraft der Positivität und des Vertrauens

Sehr verehrte Anwesende! Wir leben in einer Zeit, in der Positivität und Vertrauen sehr gefragt sind. Wenn man sich in der heutigen Welt umschaut, was es so im Alltag oder im Berufsleben alles gibt, können viele Anlass zu Angst und Sorge haben. Es gibt vielleicht nur wenige Menschen, die von sich behaupten, sie sehen eine sichere Zukunft vor sich. Noch vor nicht allzu langer Zeit hat es für viele geheißen, das Geld wäre etwas, worauf man sich verlassen kann: Hauptsache, man hat genug davon und kann es für soundso viel Zinsen anlegen. Inzwischen haben nicht wenige die bittere Erfahrung gemacht, dass auch das Geld uns im Stich lassen kann. Es verspricht, immer mehr zu werden, und unter dem Strich ist es weniger geworden. Eine bittere, aber vielleicht zugleich heilsame Erfahrung, die einem die Möglichkeit gibt, nach etwas zu suchen, was vertrauenswürdiger als das Geld ist.

Vielleicht verrate ich Ihnen gleich, was für mich mehr Vertrauen verdient als das Geld. Sie werden dann umso gespannter sein, wie ich meine Überzeugung begründe. Was für mich wesentlich mehr Vertrauen verdient als das Geld, ist ganz einfach *der Mensch*. Jetzt werden viele von Ihnen sagen: «Das stimmt doch nicht! Ich bin von den Menschen immer wieder enttäuscht worden.» Es kann durchaus sein, dass man auch von Menschen enttäuscht wird, aber nicht deshalb, weil der Mensch kein Vertrauen verdient, sondern umgekehrt deshalb, weil das Vertrauen in den Menschen heute Mangelware ist.

Eine innere Haltung des Vertrauens kann man nicht von einem Tag auf den anderen durch Wunschdenken hervorzaubern; es ist Sache einer langen und täglichen Übung. Ich gehe davon aus, dass der Grundsatz unserer Gesellschaft lautet: «Vertrauen ist gut, Kontrolle ist besser», und ich sehe meine Aufgabe darin, nachzuweisen, dass dieses «Bessere», nämlich die Kontrolle, nichts anderes ist als Mangel an Vertrauen. Man will die Menschen deshalb kontrollieren, weil man kein Vertrauen zu ihnen hat. Unsere Aufgabe wird also sein, davon auszugehen, dass wenig wirkliches Vertrauen vorhanden ist, und uns Gedanken darüber zu machen, ob wir alle mit mehr Vertrauen nicht doch besser dran wären. Dann sollten wir uns fragen, auf welche Art und Weise das Vertrauen im Alltag, im Berufsleben geübt und dadurch immer stärker gemacht werden kann.

Eine erste Überlegung knüpft an den Gedanken vieler an, die meinen, es wäre so schön, wenn im Umgang der Menschen miteinander mehr Vertrauen vorhanden wäre. Wäre das nicht etwas durch und durch Positives? Da muss ich Sie aber gleich überraschen: Ich meine, es wäre ganz und gar nicht besser, wenn in der Welt mehr Vertrauen vorhanden wäre. Es wäre überhaupt nicht positiv zu bewerten, aus einem einfachen Grund: Dasjenige, was schon vorhanden ist, was einem die Natur sozusagen von selbst gibt, ist kein Pfifferling wert, verglichen mit dem, was noch nicht vorhanden ist und einem selbst die positive Aufgabe überlässt, es sich in Freiheit zu erringen. Was wir uns erobern dürfen, macht weit mehr Freude als alles, was schon gegeben ist.

Beim Kind ist das Vertrauen als Naturgabe vorhanden. Warum aber verschwindet dann allmählich das schöne kindliche Vertrauen? Das ist, um dem Erwachsenen die Möglichkeit zu geben, es auf neue und ganz individuelle Weise frei zu erringen. Und das ist noch besser, das ist noch positiver, weil es wesentlich mehr Selbsterfüllung bereitet als all das, was man schon hat.

Wenn wir auf unsere Eltern oder Großeltern zurückschauen oder wenn wir einen Blick in eine noch weitere Vergangenheit werfen, da sehen wir Menschen, die keine Ahnung von den Problemen hatten, die wir heute haben. Wahrscheinlich haben sie mehr Positivität erlebt als wir, sie mussten sicherlich nicht mit so viel Stress und Hektik umgehen. Ein Leben unter ständigem Leistungsdruck ist nicht das Positivste und das, was am meisten Vertrauen bewirkt! Zwar bemühen sich immer wieder diejenigen, die vom Leistungsdruck anderer profitieren, die Positivität des Leistungsdrucks zu betonen. Mit ihnen müssen aber nicht unbedingt diejenigen einverstanden sein, die unter Leistungsdruck leiden!

Das öffentliche Leben, Zeitungen, Funk und Fernsehen, das alles stellt eher das Negative in den Vordergrund. Darum kann gerade da am meisten Positivität entstehen! Wir brauchen nur eine Zeitung aufzuschlagen, da wird weder in den Schlagzeilen noch darunter erzählt, wie viel Liebe oder wie viel Vertrauen in der Welt vorhanden ist. Überall ist von Krieg oder Gewalt die Rede. Das Positive ist für eine Zeitung uninteressant – und wahrscheinlich für viele Leser auch langweilig. Auch wenn jemand als Gewinner dargestellt wird, ist die «positive» Nachricht für die Verlierer eine ziemlich negative. Hier gilt dieselbe Überlegung: Wenn uns die äußerliche Welt viel Negativität entgegenbringt, besteht das Positive darin, dass jeder Einzelne die Chance bekommt, das Positive, das es überall auch gibt, selber zu entdecken, selber hervorzuheben und so viel wie möglich davon im eigenen Leben hervorzubringen.

Insoweit ist es nur zu begrüßen, ist es ganz und gar «positiv», dass die spontane, naturgegebene Positivität, die in der Vergangenheit verbreitet war, mehr und mehr verschwindet. Jedem steht es frei, den positiven Sinn von allem zu entdecken und in seinem Handeln zu verwirklichen. Das Leben wird nicht dadurch positiv, dass man sich über das Negative aufregt, dass man jammert und sagt: «Es gab doch einmal Menschen, die keinen Wecker gebraucht haben. Die sind früh aufgestanden und kaum sind sie aufgewacht, hatten sie gleich Lust, den Tag in Angriff zu nehmen. Warum habe ich zwei, drei Wecker nötig, denen ich sowieso einem nach dem anderen eins auf den Deckel gebe, und mich dann wieder im Bett umdrehe? Warum habe ich nicht die gleiche Motivation, den gleichen Antrieb zum Aufstehen und zum Schaffen? Warum muss ich teure Motivationsseminare besuchen, wenn ich von vornherein weiß, dass meine Lage nach einer

Woche – wenn es hochkommt – wieder genau die gleiche sein wird. Wie kann das alles positiv sein?»

Antriebe zum Handeln, Ideale, Willensimpulse, die wir selber in uns erzeugen, wirken viel positiver, sie geben uns wesentlich mehr Kraft als alles, was von außen an uns herangetragen wird. Sie werden dauerhafter und unerschütterlicher auch in der übrigen Menschheit wirken können. Und weil sie viel stärker wirken, braucht man mehr Zeit und Übung, um sie in sich zu erzeugen.

Die spontane Positivität ist die «kleinere», die freiheitlich errungene die «größere». Sie kann im Leben stärker tragen. Ein Mensch, der täglich alle guten Kräfte in sich wachruft, der mit seinem Denken sich den Sinn des Lebens jeden Tag neu erringt, der baut auf eigene Überzeugungen und ist immer weniger von irgendeiner Steuerung von außen abhängig. Wenn er die Kraft findet, immer schönere Ideale für sein Leben, immer neue Gründe für sein Handeln zu finden, wird er das Leben als durch und durch positiv erleben. Er wird Vertrauen nicht nur in sich selbst, sondern auch in den idealen Menschen gewinnen, der in jedem Menschen steckt. Er wird nie daran zweifeln, dass jeder Mensch auf das bauen kann, was in ihm an Fähigkeit lebt: auf sein Denken, auf seine Liebefähigkeit, auf seine Freude am Schaffen im Einsatz für Mensch und Welt.

Darum können wir sagen: Am meisten vertrauenswürdig ist der Mensch selbst, weil er voll positiver Kräfte ist. Und das ändert sich nicht von heute auf morgen, ganz anders als das Glück des Geldes oder des äußerlichen Erfolgs. Ein Mensch kann heute wie gesagt viel Geld haben und morgen nur noch die Hälfte davon. Aber eine menschliche Fähigkeit, eine Begabung, die vielleicht über eine lange Zeit gereift ist, bleibt dauerhaft im Besitz des Menschen, sie kann ihm niemals von außen genommen werden. Darauf kann jeder Mensch bauen. Man kann nur staunen, was wir alles von unseren Veranlagungen, unserem wahren Reichtum, brachliegen lassen. Ich kann diesen Gedanken jetzt nicht weiter ausführen, nehmen Sie das als «positive» Anregung: Jeder Mensch trägt unerschöpfliche Entwicklungsmöglichkeiten in sich.

Das Beste des Lebens kann der Mensch nicht in dem finden, was ihm von außen entgegenkommt, in all dem, was ihm passiert, was er ohne sein Zutun durch das Tun anderer vorfindet. Was ohne mein Mitwirken in der Welt ist, kann für mich weder positiv noch negativ sein, es ist einfach so wie es ist. Für den, der es zustande gebracht hat, kann es positiv oder negativ gewesen sein, je nachdem, was er dabei erlebt hat. Was mich betrifft, kann nur meine Stellungnahme zu allem Vorhandenen, mein Verhalten in einer gegebenen Situation positiv oder negativ sein. Es wird positiv sein, wenn ich in meiner Entwicklung gefördert werde, wenn ich weiterkomme, es wird für mich negativ ausfallen, wenn ich in meinem Tun keine innere Erfüllung erlebe. Das Positive meiner Stellungnahme der Welt gegenüber liegt zunächst in der Tatsache, dass mir diese Stellungnahme freisteht. Es liegt an mir, wie ich über meine Lebenslage denke, wie ich sie erlebe und wie ich handle. Positiv oder negativ kann niemals die Lage sein, in der ich mich befinde, sondern immer nur meine innere Einstellung dazu und dasjenige, was ich daraus mache. Wenn ich das Bestmögliche aus einer Situation – welcher auch immer – mache, kann mein Leben gar nicht positiver sein. Die wichtige Frage ist nur, ob jedem in jeder Situation das Beste möglich ist. Und die eindeutige Antwort ist: Es ist immer möglich!

Jemand wird vielleicht einwenden: «Ja, aber meine Situation ist so mies, dass ich nur ganz begrenzt das machen kann, was ich möchte, von dem ich denke, dass es für mich positiv wäre. Das kann doch nicht das Beste für mich sein!» Ein solcher Mensch hat sich in den Kopf gesetzt, dass es für ihn besser wäre, sich in einer ganz anderen Lebenslage zu befinden, ganz andere Dinge tun zu können. Nur sind diese Dinge für ihn eben unmöglich und das Unmögliche kann niemals positiv sein, weil nicht einmal ein Teil davon verwirklicht werden kann! Wenn mir das angeblich Positive, das ich tun möchte, hier und jetzt nicht möglich ist, dann ist es für mich nicht in Wirklichkeit positiv. Das unmögliche Gute ist in Wirklichkeit das Allerschlimmste, was es gibt, einfach weil es nicht möglich ist. In jeder Situation gibt es ein Bestes, das möglich ist, und es ist das Beste vor allem deshalb, weil es möglich ist. Natürlich kann es theoretisch gesehen noch etwas Besseres geben, aber dadurch, dass dieses Etwas für mich hier und jetzt nicht möglich ist, kann es auch für mich nicht in Wirklichkeit besser sein.

So gesehen ist ein depressiver Mensch, der immer nur jammert, ein reiner «Theoretiker», der in lauter Abstraktionen lebt: Er schaut auf all die

Dinge, die ihm nicht möglich sind, und er beklagt nur seine Lage. Statt die Kunst der Positivität zu üben, statt das ihm Mögliche anzupacken, zieht er es vor, auf das Unmögliche zu schauen, um eine Ausrede zu haben, gar nichts zu tun und nur zu klagen. Auch diese Einstellung ist im Grunde seine freie Entscheidung. Er könnte es sich auch anders überlegen und sich mehr daran üben, auf die guten Dinge zu schauen, die ihm möglich sind, nur müsste er sich dann ein wenig aufraffen, um sie auch zu tun.

Natürlich wird es Menschen geben, besonders Melancholiker, die hier einwenden werden: «Das Leben ist mir schon mühsam genug, es ist schon eine Anstrengung, jeden Tag über die Runden zu kommen, und jetzt kommt jemand mit seinem Positivitätszwang daher und möchte mir noch die Strapaze zumuten, dass ich unbedingt positiv denken ‹muss›. Also wieder ein Muss, als ob es nicht genügend davon gäbe. Ich möchte lieber von solchen Positivitätsschwärmern in Ruhe gelassen werden. Dass das Ganze mit der Positivität so logisch klingt, interessiert mich überhaupt nicht, denn im Leben geht es nicht um Logik, sondern jeder muss schauen, wie er mit sich selbst und mit der Welt am besten zurechtkommt.»

Gegen diesen Einwand kann man selbstverständlich nichts einwenden, weil er weniger mit Logik als mit dem Leben zu tun hat. Solange ein Mensch diese Einstellung haben will, soll sie ihm gegönnt sein. Nur wenn er anfängt, sich mit seiner eigenen Einstellung unzufrieden zu fühlen, wird er aus freien Stücken nach einer suchen, die ihn mehr zufriedenstellt. Und diese gibt es – gerade auch für einen Melancholiker. Die Positivität der Melancholie besteht darin, dass auch sie eine wichtige Funktion in der Entwicklung des Menschen erfüllt, wie alles andere. Es wird nicht besonders positiv sein, wenn der Melancholiker sich wünscht, anders zu sein als er ist, weil das nicht klappen wird. Positivität bedeutet, dass gerade die Seelenverfassung, in der man sich befindet – ganz egal welche –, für jeden der beste Ausgangspunkt ist, um das Beste daraus zu machen. Wenn der Melancholiker sich sagt: Es ist ganz in Ordnung, dass ich melancholisch bin, dann hat er die Positivität. Das Ringen mit sich selbst gehört zum Melancholiker nicht mehr und nicht weniger als zum Choleriker, als zum Sanguiniker oder zum Phlegmatiker. Jeder muss irgendwie mit sich selbst ringen, weil jeder von einer gewissen Einseitigkeit ausgeht, um die schöne Möglichkeit zu haben, sich immer mehr der Allseitigkeit zu nähern. Vertrauen und Positivität in Bezug auf den Menschen heißt, die Überzeugung zu haben, dass wirklich jeder Mensch nach allen Seiten entwicklungsfähig ist und dass jede Situation die Möglichkeit bietet, weiterzukommen.

Kann es eine Situation geben, in der alle Türen verschlossen sind, in der keine einzige Tür offen steht? Eine solche Situation gibt es niemals. Jeder Mensch kann in jeder Situation zum Beispiel tausend gute, sinnvolle Gedanken denken, das steht ihm immer frei – und das wäre schon sehr viel Positives in einer Zeit, in der positive Gedanken Mangelware sind. Eine Depression besteht ausschließlich aus negativen Gedanken – außer diesen ist gar nichts da! So kann die Heilung nur darin bestehen, dass gute, positive Gedanken gedacht werden.

Nicht einmal der Tod kann alle Türen schließen: Gerade wenn alle Türen des Handelns in dieser Welt zugemacht werden, öffnen sich alle Türen der Tätigkeit in der geistigen Welt. Jemand kann vielleicht sagen, die Türen da drüben interessieren mich nicht, aber das ist wiederum Sache seiner freien Einstellung. Er könnte über den Tod auch ganz anders, viel positiver denken. Ein Sokrates hat sich unheimlich gefreut, endlich mal «da drüben» ein viel positiveres Leben führen zu dürfen.

Natürlich kann kein Mensch ohne tägliche Übung des Vertrauens aus einer Grenzsituation das Bestmögliche machen – etwa bei einer schweren Krankheit, bei plötzlicher Arbeitslosigkeit oder beim Verlust eines Freundes. Der Alltag ist die beste Vorbereitung gerade auch für solche schweren Situationen. Wenn ich im Kleinen immer wieder daran arbeite, alles, was auf mich zukommt, von der positiven Seite zu nehmen und dementsprechend zu handeln, werde ich auch in Grenzsituationen das Bestmögliche tun können – denn das Bestmögliche ist immer möglich.

Wenn wir uns fragen, warum jemand noch «Besseres» oder «Positiveres» machen möchte, als ihm hier und jetzt möglich ist, so kann die Antwort nur lauten: Er sucht eine Ausrede, um das nicht zu tun, was er tun könnte. Ganz raffiniert, nicht wahr? Wenn man dahinter kommt, dass es wirklich so ist, dann ist das positiv: zu durchschauen, welche Schliche die Menschennatur gebraucht, welche Ausreden der Mensch für seine innere

Trägheit erfinden kann. Wer von uns möchte nicht die Welt verbessern? Aber jeder Weltverbesserer findet bald heraus, dass das keine leichte Sache ist. So lässt er ziemlich schnell die Finger davon. Nur wenige kommen auf den Gedanken, *sich selbst* zu verbessern, aus dem einfachen Grund, weil das geht, weil das möglich ist und man keine Ausrede finden kann, um die Finger davon zu lassen.

Also, jeder befindet sich in einer ganz bestimmten Situation und in jeder Situation gibt es ein Bestmögliches, was man aus ihr machen kann. Keiner hat andere Lebensumstände zur Verfügung als die, in denen er sich gerade befindet. Nur aus denen kann er das Bestmögliche machen. Zum Beispiel: Jemand möchte von mir, dass ich für ein paar Stunden von seiner Bildfläche verschwinde. Das kann vorkommen. Es muss nicht daran liegen, dass ich «unmöglich» bin. Es kann einfach sein, dass er etwas Ruhe braucht. Dann lasse ich ihn in Ruhe. Warum soll es nicht positiv sein, dass ich eine Zeit lang verschwinde, um ihm seine Ruhe zu gönnen? Das kann sehr positiv sein, so etwas aus Liebe zu tun. Oder umgekehrt: Ein Freund fühlt sich einsam und möchte, dass ich ein paar Stunden mit ihm verbringe. Dann versuche ich, im Rahmen des mir Möglichen, ihm Gesellschaft zu leisten.

Was ist für mich also positiver: Mich rarzumachen oder jemandem Gesellschaft zu leisten? Mit dem einen Menschen ist das eine positiv, mit dem anderen das andere. Ich kann in beiden Fällen, das heißt auf alle Fälle, das Positive tun. Wie kann das Leben positiver aussehen! Was könnte mich dazu bringen, von dem wegzulaufen, der meine Gesellschaft sucht, oder mich dem aufzudrängen, der alleine sein möchte? Nur die Tatsache, dass mir mein Bedürfnis wichtiger ist als das des anderen. Das mag auch unter Umständen berechtigt sein. Ich brauche nur die Selbstliebe als notwendige Voraussetzung für die Nächstenliebe zu sehen. Dann kann auch sie sehr positiv sein! Dann erlebe ich immer mehr Positivität gerade auf der Suche nach dem richtigen Gleichgewicht zwischen Selbst- und Nächstenliebe. Und ich erlebe zunehmend Vertrauen in mich selbst, weil ich merke, dass es mir immer besser gelingt.

Es gibt keine größere Positivität, als sich der Lage zu stellen, in der man sich jeweils befindet, und sich zu fragen: «Was ist das Beste, was ich hier und jetzt für mich und andere tun kann?» Nicht, «was könnte ich tun, wenn» – sondern was kann ich wirklich tun, ganz realistisch gedacht. Es geht wirklich darum, sich diese Frage immer wieder zu stellen und in jedem einzelnen Fall um das Bestmögliche zu ringen, um es dann auch zu tun.

Nehmen wir das Beispiel der berühmten «Fehler»: Man kann sie als das Positivste sehen, was es gibt. Das darf selbstverständlich nur jemand sagen, der nicht in Deutschland aufgewachsen ist. Denn in Deutschland sollen Fehler etwas ganz, ganz Schlimmes sein. Jemand hält zum Beispiel einen Vortrag, der einige tausend Sätze enthält, und es kann vorkommen, dass ein Satz total danebengeht. Sie können sicher sein, dass es jede Menge Menschen gibt, die sich nach dem Vortrag nur an diesen einzigen Satz erinnern können. Das Positive an einem Fehler ist gerade dasjenige, was man daraus lernen kann. Aber ich kann aus einem Fehler nur etwas lernen, wenn ich ihn gemacht habe. Bedeutet das, dass ich so viele Fehler wie möglich machen muss? Nein, es wäre mehr als genug, wenn ich alle diejenigen bemerke und verbessere, die ich mache. Ich habe Menschen kennengelernt, die eine fremde Sprache lernen wollten, aber sie wollten mit dem Sprechen warten, bis sie keine Fehler mehr machen. Die, die nicht gewartet haben, sind schneller weitergekommen.

Worauf dieser Gedanke hinausläuft, ist: Das Schönste im Leben ist dasjenige, was ein Mensch lernt, und jeder kann nur durch ständiges Ausprobieren lernen. Keiner kann von vornherein alle Folgen seines Handelns absehen. Nicht einmal der liebe Gott, heißt es in der Bibel, wusste von vornherein, wie seine Schöpfung geraten würde. Er schuf darauf los und dann heißt es wörtlich: «Und er sah, dass es gut war.» Um keine Fehler zu machen, müsste man auf alles Tun verzichten. Und wenn das nicht ein Fehler ist, wo vor lauter Nichtstun alles «fehlt»! Statt Angst zu haben, Fehler zu machen, kann sich also jeder darin üben, Vertrauen zu haben, dass man aus allem etwas lernen kann. Das kann wirklich jeder, jeder Mensch ist lernfähig.

Schauen wir jetzt noch konkreter auf den Menschen in seiner Dreiheit – als denkender, fühlender und handelnder Mensch. Es gibt eine besondere Positivität in der Welt unserer Gedanken, eine andere für die Welt der

Gefühle und eine dritte für unsere Willensimpulse und unser Handeln. Diese dreifache Positivität ist die Grundlage für das dreifache Vertrauen, das wir zu uns selbst und zu jedem anderen Menschen haben können, allein aufgrund der Tatsache, dass jeder Mensch ohne jede Einschränkung *Positivität in seinem Denken, Fühlen und Wollen* erleben kann – das heißt in den Gedanken, die er denkt, in den Gefühlen, die er erlebt und in allem, was er in seinem Handeln will.

Worin besteht die besondere Positivität unserer Gedanken? Es ist unsere Fähigkeit, immer in allem den Sinn zu suchen, den Sinn zu finden, denn nichts kann positiver sein, als ein sinnvolles Leben zu führen, einen Sinn in all dem zu finden, was einem geschieht oder was man tut. Hier kommt aber gleich die nächste Überraschung: Wer möchte nicht gerne den positiven Sinn finden – selbst in einer Krankheit oder in einer Lebensprüfung? Und was setzen wir voraus, wenn wir einen Sinn finden möchten? Wir gehen davon aus, dass der Sinn schon irgendwo versteckt vorhanden ist, und wir sehen unsere Aufgabe darauf beschränkt, ihn ganz einfach zu suchen und zu «finden».

Aber ist es nicht ein Stück Faulheit, einen schon vorhandenen Sinn nur finden, nur «herausfinden» zu wollen? Etwas zu finden ist doch weit weniger positiv, weniger beglückend, als etwas zu *er*finden! Der Sinn meines Lebens kann doch nur von mir selbst erfunden werden, wie sollte er von einem anderen vorgegeben sein? Der Sinn meines Lebens ist das, was ich aus jeder Lebenslage Gutes machen kann: Dieser Sinn ist aber niemals schon vorhanden, niemals irgendwo für mich zum Herausfinden versteckt. Ich muss ihn erst persönlich erzeugen. Jeder kann nur selbst sein Leben Tag für Tag sinnvoll gestalten. Nur jenes Leben wird sinnvoll sein – voll des Sinnes –, das vom Menschen selbst auf ganz individuelle Weise mit Sinn erfüllt wird. Kein Mensch kann den Sinn *vor*finden, jeder muss ihn auf seine Weise erfinden.

Sie werden vielleicht sagen: Das ist schwierig. Gerade deshalb ist es umso positiver! Gerade darum kann es unendlich viel Freude bereiten, jeder Handlung, die man vollbringt, einen Sinn zu geben. Hand aufs Herz: Was macht mehr Freude, das Leichte oder das Schwierige? Hat die Mutter mehr Freude, wenn ihr Kind geboren wird, oder der Vater? Wenn der Vater meint, er kann so viel Freude daran haben wie die Mutter, dann nur deshalb, weil er keine Mutter ist. Das wird ihm die Mutter vielleicht gütlich verzeihen, aber auf keinen Fall abnehmen.

Nehmen wir das Beispiel einer Zweierbeziehung. Wie kann sie von selbst sinnvoll sein, ohne dass die beiden sie von Tag zu Tag sinnvoll gestalten, ohne dass sie in jeder Situation etwas dafür tun? Was gestern positiv für die Beziehung war, kann heute schrecklich sein. Sie kennen vielleicht die Definition der Liebe: «Zu lieben heißt, tausendmal zu sagen, ‹ich liebe dich›, ohne sich zu wiederholen.» Das ist das Positive der Liebe, dass sie so erfindungsreich ist.

Eine Beziehung gilt für viele als sinnvoll, wenn beide den Eindruck haben, sie passen zueinander, sie ergänzen sich gegenseitig. Wenn es aber schwierig wird, fragt man sich: «Habe ich vielleicht den falschen Menschen erwischt?» Mit dem Falschen zusammen zu sein, ist sicherlich nicht besonders positiv, drum möchte jeder unbedingt den Richtigen «finden». Da haben wir wieder das Finden, das Findenwollen! Auch hier gilt: Der Richtige kann niemals einfach «gefunden» werden, weil keiner der Richtige ist, der sich nicht immer wieder durch tägliche Arbeit an sich selbst zum Richtigen macht. Und das Positivste dabei ist, dass das nicht nur für den anderen gilt, sondern auch für mich selbst. Der andere «findet» in mir den Richtigen, wenn ich mich in jeder Situation durch Beweglichkeit und Interesse am anderen zum Richtigen mache, wenn ich mich positiv verhalte. Dadurch mache ich die Beziehung auf immer neue Weise sinnvoll und positiv. Ich werde so auch immer mehr Vertrauen in all die Kräfte gewinnen, die in mir und im anderen stecken.

Einen Sinn in jeder Lebenslage zu erfinden bedeutet, mit seinen Gedanken fantasievoll umzugehen. Jeder Mensch hat die Fähigkeit, in seinem Denken immer erfindungsreicher zu werden, gerade aufgrund der vielen Erfahrungen des Lebens, zu denen auch die Fehler gehören, die er macht, ganz egal, wie «schlimm» sie ihm erscheinen. Wenn ein Mensch fragt: «Was soll ich in dieser Situation tun?», dann deshalb, weil er sich das Ringen um eine Antwort ersparen möchte, sie lieber von einem anderen hätte. Er brauchte sich nur zu überlegen, wie schön es wäre, selber eine Antwort darauf zu finden, das heißt, auch gerne eine Zeit lang darum zu ringen. Das Ringen ist doch gerade das Beste, das Schönste, das

Positivste des Lebens. Wie kann ein anderer Mensch wissen, wie ich mich in einer Situation verhalten soll – er ist ja ein ganz anderer Mensch als ich, und er ist nicht in meiner Lage. Jeder muss in jeder Situation sich selbst treu bleiben und seinem eigenen Geist entsprechend handeln.

Nur muss auch diese Fantasie der «Sinnfindung» täglich geübt werden. Sie wird heute zu wenig geübt, zum Beispiel weil wir immer wieder meinen, dieses und jenes müsse unbedingt erledigt werden. Wir laufen so vielen Dingen nach und nehmen uns zu wenig Zeit, das Leben und unsere Beziehungen immer sinnvoller zu gestalten. Es ist doch ein Unsinn zu denken, Taten wären wichtiger als Gedanken. Etwas zu tun ist leichter als etwas zu denken, wenn wir unter Denken mehr als inhaltsloses Fantasieren verstehen. Aber ich habe gerade gesagt, dass das Schwierigere mehr Freude macht, mehr Positivität und Sinn in das Leben hineinbringt. Das Positive und die Freude des Lebens liegen auch hier in der Anstrengung, im innerlichen Tätigwerden.

Die Positivität der Denkfähigkeit, die jeder Mensch in sich trägt, zeigt sich beispielhaft im Umgang mit dem berühmten «Zufall». Der Zufall ist der neu erfundene Gott der Naturwissenschaft: Wenn man nicht weiß woher, wieso und warum, redet man von Zufall. Wie kommt eine Naturkatastrophe zustande? Dadurch, dass Erdplatten sich «zufällig» verschieben. Die Übung der Positivität besteht in diesem Fall darin, dass man sich sagt: Von Zufall zu sprechen, ist doch keine Erklärung. Es ist nur ein «Loch» im Denken. Von Zufall zu sprechen, ist eine Beleidigung der Vernunft, ein Widerspruch zur Weisheit, die überall in der Welt herrscht.

Wenn das kleinste Käferchen, wenn das winzigste Blatt lauter kristallisierte Weisheit ist, wie kann eine Naturkatastrophe vernunftlos, weisheitswidrig, aufs Geratewohl einfach «zufällig» geschehen? Wie kann nur ein einziger Mensch dabei «zufällig», ohne Erklärung oder Grund, sein Leben verlieren? In Wirklichkeit gibt es nirgendwo Zufall, am allerwenigsten im Leben und im Schicksal des Menschen. Das Denken ist uns gerade deshalb gegeben, damit wir immer wieder feststellen können: Jede Lage, in der ich mich befinde, alles, was mir geschieht, ist niemals zufällig, es ist von der überall wirkenden Weisheit mir zugedacht als das Allerbeste für mich – im Hinblick darauf, dass ich das Beste daraus mache. Der sogenannte Zufall in meinem Leben ist in Wirklichkeit dasjenige, was mir im besten Sinne des Wortes «zufällt», weil es zu mir am besten passt. Wenn mir auch nur ein einziges Mal das für mich Zweitbeste passieren würde, dann lebte ich in einer Welt, in der das Beste nicht möglich ist, die Welt wäre für mich auf einmal unvernünftig und unvollkommen. Wie könnte das aber sein? Wenn sonst überall in der Stein-, Pflanzen- und Tierwelt alles mit absoluter Vernunft eingerichtet ist, wenn in jedem Organismus alles perfekt aufeinander abgestimmt ist – wie sollte es für das Leben des Menschen anders sein?

Und noch ein anderes gibt es, um uns mit Positivität und Vertrauen in Bezug auf das Denken zu erfüllen: Es ist die Tatsache, dass jeder Mensch in Bezug auf alle Bereiche des Lebens voll urteilsfähig ist. Sie werden vielleicht gleich sagen: «Das kann doch nicht stimmen. Es gibt viele

Bereiche, in denen nur die Fachleute urteilsfähig sind, zum Beispiel die Bereiche Medizin, Rechtsprechung, Steuersystem, Finanzwelt, genmanipulierte Lebensmittel, Atomkraft und so weiter.» Mit Urteilsfähigkeit ist aber nicht gemeint, dass jeder Mensch in allen Fächern tätig sein kann, dafür braucht man schon eine Fachausbildung. Mit Urteilsfähigkeit ist gemeint, dass jeder Mensch kraft seines Denkens die Möglichkeit hat, das Tun der Fachleute und die Auswirkung dieses Tuns auf Mensch und Welt einzuschätzen, es zu beurteilen. In diesem Sinne ist jeder Mensch wirklich in Bezug auf alle Bereiche des Lebens urteilsfähig – es ist auch hier nur Sache der Übung. Vertrauen haben in den Menschen als denkenden Geist heißt, alles zu tun, um diese Urteilsfähigkeit in jedem Menschen zu fördern, sich darüber zu freuen, dass wir alle immer urteilsfähiger werden. Das Problem ist nicht so sehr, dass die Menschen nicht urteilsfähig sind, sondern dass diejenigen, die in den verschiedenen Lebensbereichen die Macht haben, oft alles tun, um die Urteilsfähigkeit der anderen zu verhindern, um nicht durchschaut zu werden, um weiterhin ungestört ihre Machtziele verfolgen zu können. Ein Arzt kann ein Rezept mit der Absicht schreiben, dass möglichst jeder Patient es versteht, aber er kann es genauso gut so schreiben wollen, dass der Patient möglichst wenig versteht oder am besten nicht einmal die Worte lesen kann. Es macht schon einen großen Unterschied, ob der Arzt den Patienten möglichst weit über seinen Gesundheitszustand und über das, was er vorschlägt, aufklärt und sich mit ihm berät – oder möglichst wenig.

Wenn wir jetzt vom Denken auf die Sphäre des Fühlens kommen, wird die Sache noch spannender. Man könnte sagen, dass die Positivität mehr eine Eigenschaft des Denkens ist und das Vertrauen mehr eine des Herzens, des Gemüts. Und erst durch das Erleben des Vertrauens, des Urvertrauens in den Menschen als Menschen, wird das Leben ganz, ganz «positiv». Der Mensch trägt nicht nur Gedanken in sich, sondern auch Gefühle, Emotionen, eine ganze Welt von inneren Erlebnissen. In unserer verrückten Welt, die mehr von den Männern dominiert ist, sind gescheite Gedanken mehr gefragt als menschenfreundliche Gefühle, der kühle Verstand gilt mehr als die Wärme der Liebe. Darunter leiden vor allem viele Frauen. Deshalb kann es wichtig sein, dem männlichen Verstand ein kleines bisschen beizubringen, worin die besondere Positivität der Welt des Herzens und der Gefühle liegt. Die Logik der Liebe ist ganz anders als die des Verstandes – genau dies «verstehen» viele Menschen nicht. Der Verstand kann nur den Sinn und das Positive einer schon bestehenden Welt erfassen, die Liebe ist hingegen die Kraft, einer Welt Vertrauen zu schenken, die erst im Werden ist, die sich erst in der Zukunft voll entfalten wird. Zu lieben heißt, Vertrauen in die unerschöpflichen Begabungen und Fähigkeiten zu haben, die in *jedem* Menschen schlummern.

Das schönste Bild des Vertrauens, das nur die Liebe erleben kann, ist die Art und Weise, wie eine Mutter mit ihrem kleinen Kind umgeht. Sie sieht noch nichts von dem, was ihr Kind in der Zukunft alles aus sich hervorbringen wird, und hat doch volles Vertrauen, dass es gut sein wird, und tut alles, damit das Kind das Beste aus sich machen kann. Was eine Mutter spontan erlebt, kann sich jeder Mensch durch Übung aneignen – mit der positiven Aussicht, seine Liebeskräfte dahin zu bringen, dass er immer mehr Menschen so lieben kann, ihnen so viel Vertrauen schenken kann wie die Mutter ihrem Kind. Warum soll das nicht möglich sein? Die Positivität des Menschen und seiner Entwicklung liegt gerade in der Unbegrenztheit des Vertrauens, das jeder jedem entgegenbringen kann.

Man kann sich hier die Frage stellen: Wie verhält sich ein Mensch seinem Mitmenschen gegenüber, wenn er vom Gefühl der Menschenwürde durchdrungen ist? Worin besteht überhaupt die sogenannte, in allen Menschen gleichermaßen vorhandene Menschenwürde? Sie besteht darin, dass jeder Mensch in Wirklichkeit ein ewiger Geist ist, mit einer langen Vergangenheit und einer nicht weniger langen Zukunft. Der Mensch ist nicht nur urteilsfähig in Bezug auf alle Dinge des Lebens, sondern er kann aus seinem Geist auch moralische oder sittliche Intuitionen schöpfen, in jeder Situation kann er aus seinem inneren Quell heraus wissen, wie er sich verhält und was er zu tun hat. Er braucht als Erwachsener keine Autorität, die ihn von außen leitet. Die für alle gültigen Gesetze gelten für ihn nur als notwendige Rahmenbedingungen, als Voraussetzung, um das tun zu können, was seine moralische Fantasie ihm im Einzelfall eingibt. Genau dies ist mit «Individualität» gemeint, die Überzeugung, die sich sagt: In jedem Menschenherzen, in jeder Menschenseele ist ein unerschöpflicher Quell von moralischen Intuitionen. Es geht nur darum, immer vertrauensvoller aus diesem Quell zu schöpfen.

Hier stellt sich die andere Frage: Wenn der innere Quell des Menschen ein guter ist, wie kommen so viele Menschen immer wieder dazu, böse, schreckliche Taten der Gewalt oder der Unmenschlichkeit zu vollbringen? Das ist deshalb, weil diese Menschen die Verbindung mit ihrem inneren Quell verloren haben. Der Quell des Moralischen ist in jedem Menschen vorhanden, aber er kann verschüttet werden, sodass er nicht mehr gesehen und als Folge davon unwirksam wird. Aber er ist trotzdem vorhanden. Und das Vertrauen in den Menschen liegt in der Überzeugung, dass jeder seinen inneren Quell immer wieder finden kann, wie weit auch immer er sich davon entfernt hat. Wenn ein Mensch das Gute, das in ihm liegt, aus dem Auge verloren hat, braucht er am allermeisten Menschen, die ihm Positivität dadurch entgegenbringen, dass sie festes Vertrauen in *seinen* Quell des Guten haben. Natürlich ist das alles Sache der inneren Einstellung. Die Kräfte des Gemüts spielen dabei eine führende Rolle. Die lassen sich nicht von heute auf morgen aus dem Hut zaubern. In diesem Bereich ist vor allem die Erziehung des Menschen wichtig.

Gerade in der *Erziehung* ist das Vertrauen in den Menschen das Allerbedeutsamste. Wenn der Lehrer im Umgang mit dem Schüler in seinem Gemüt von dem Gedanken durchdrungen ist: Wir beide kommen nicht von der physischen Welt, wir sind keineswegs nur ein Produkt der Gene oder der Vererbung. Wir kommen beide von einer geistigen Welt mit einer ganz individuellen Aufgabe, die jeder auf der Erde erfüllen will. Unser Geist, das bessere Ich in uns, ist voller Vertrauen in diese Aufgabe, weil es sie als das Beste ansieht für das eigene Weiterkommen und als Beitrag für die Entwicklung aller Menschen. Jeder Mensch trägt in sich alles, was er für sein Leben braucht. Niemals wird ihm etwas fehlen können, was zu ihm gehört. Und alles, was er nicht hat, haben die anderen für ihn.

Der letzte Grund des Vertrauens ist die Empfindung, die Überzeugung, dass alle Menschen zusammen wie ein großer geistiger Organismus sind: Sie sind füreinander geschaffen, vollkommen aufeinander abgestimmt, genauso wie die Zellen und die Glieder in einem natürlichen Organismus. In der Beziehung zwischen Lehrer und Schüler, zwischen Mann und Frau, zwischen Freund und Freund ist es nicht anders als in der Beziehung zwischen den Gliedern eines Organismus. Der einzige Unterschied besteht darin, dass die Gesundheit des natürlichen Organismus von der Natur hervorgebracht wird, die Gesundheit des Menschheitsorganismus jedoch der Freiheit des Menschen überlassen ist.

Im Hinblick auf das Gefühl des Urvertrauens kann man sich fragen, Woher das Misstrauen kommt, das heute viele Menschen in sich tragen. Es kommt wohl daher, dass der gescheite Kopf, ohne dass man es merkt, dem Herzen einen Strich durch die Rechnung macht und sich einredet, dass es naiv sei, nur Vertrauen zu dem Menschen zu haben. Ehe man es merkt, ist das anfangs erwähnte Schlagwort da: «Vertrauen ist gut, Kontrolle ist besser.»

Worin bestand das Vertrauen, das die Menschen in der Vergangenheit hatten? In ihrer spontanen Überzeugung, dass die Natur des Menschen durch und durch gut ist. Der Mensch wurde als Geschöpf eines Gottes gesehen, der voller Liebe ist. Man hatte die Überzeugung, dass die Urkraft des Menschen die Liebe ist. Heute haben sich viele Menschen in den Kopf gesetzt, dass die Urkraft des Menschen der Egoismus ist – oder die Libido, der Geschlechtstrieb, wie Sigmund Freud meint. Immanuel Kant spricht in Bezug auf die Natur des Menschen sogar vom «radikal Bösen». Nicht per Natur soll der Mensch gut sein, er soll per Gesetz zu einem guten Menschen gemacht werden. Von Natur aus will er das Böse – so denken viele –, das Gute kann er nur aus der Pflicht heraus sollen. Die Moral ist so gesehen eine Bändigung, eine Zähmung des Menschen, der von Natur aus «wild» sein soll. Ich meine, diese Art von Moral ist eine Erklärung des vollständigen Misstrauens in das höchste Geschöpf Gottes, in den Menschen – eine «Moral», die ziemlich unmoralisch ist!

So können wir auch verstehen, warum das alte Urvertrauen in die Natur des Menschen verschwunden ist. Aber gerade an diesem Punkt kann unsere Positivität wiederum einsetzen: Es ist ganz in Ordnung, dass der heutige Mensch «spontan» Misstrauen empfindet, sonst hätte er nicht dafür zu «arbeiten», Vertrauen zu gewinnen. Der heutige Mensch erzeugt in sich das Vertrauen nur durch die Überwindung eines spontan vorhandenen Misstrauens. Und das ist doch gut so! Vertrauen in den Menschen gewinnen heißt, sich selbst und jedem anderen Menschen alles mögliche Positive «zuzutrauen». In diesem «Trauen» steckt sowohl die deutsche Treue wie auch die englische Wahrheit («true» ist englisch «wahr»). Wenn man sagt, dass man dem anderen auch alles mögliche Negative «zutraut», dann mogelt man mit der Sprache, weil das kein Zutrauen ist, keine Äußerung des Vertrauens, sondern ganz im Gegenteil eine des Misstrauens.

Wenn ich mit Misstrauen auf die Mitmenschen zugehe, wird die unvermeidbare, aber auch angemessene Reaktion das Misstrauen sein, das auf mich zurückkommt. Wenn ich dagegen ganz ehrlich von Vertrauen durchdrungen auf den anderen zugehe, werde ich auch in ihm das Vertrauen erwecken und das Beste aus ihm herauslocken. Hier werden viele einwenden: «Ja, wie kann ich aber sicher sein, dass auch der andere mir Vertrauen entgegenbringt?» Das ist gerade der springende Punkt: Weil ich nicht sicher sein kann, dass er mein Vertrauen nicht ausnützt, kann ich nur darauf «vertrauen»! Und genau das will ich täglich üben. Sollte ich erleben, dass der andere mein Vertrauen ausnützt, kann ich mich daran üben, das als sein Problem zu betrachten, weil meine Freude im Erleben des Vertrauens größer ist als alle Nachteile, die mir durch das sogenannte Ausgenutztwerden entstehen können.

Und wie ist es zum Beispiel mit der Ungerechtigkeit in der Welt? Kann man da auch Vertrauen haben? Wie reagiert da das gesunde Gemüt, das gute Herz? Wenn ein Mensch sich nicht vom kalten Verstand blenden lässt, wenn er mehr auf die tiefere Stimme seines Herzens hört, wird er sich sagen können: «Es kann doch nicht sein, dass ich in einer Welt voller Ungerechtigkeit lebe. Ungerechtigkeit wäre Unvernunft, Unweisheit. Mein Herz sagt mir, dass ich Vertrauen darauf haben darf, dass alles Gute und Böse seinen richtigen Ausgleich findet – wenn nicht in der kleinen Zeitspanne, die ich mit meinem Bewusstsein überblicken kann, dann in den längeren Zyklen der Entwicklung, die höhere Geister als die Menschen in ihrem umfangreicheren Bewusstsein überschauen können.» Ein Mensch, der in seinem Gemüt dieses tiefe Vertrauen in die Weltgerechtigkeit empfindet, wird das nicht dem kühlen Verstand «beweisen» können, aber tragend und überzeugend bleibt es in seinem Leben trotzdem. Der Mensch weiß in seinem Herzen, dass es Dinge gibt, die der kalte Verstand nicht verstehen kann.

Jetzt bleibt uns nur noch die dritte Sphäre, die ich Ihnen versprochen habe. Nach dem Denken und dem Fühlen kommt das Wollen und als Folge des Wollens das Handeln. Um den Faden nicht zu verlieren, kann uns vielleicht eine kleine Übersicht helfen:

- In Bezug auf das Denken haben wir erwähnt:
  - den Sinn finden, den Sinn erfinden;
  - die Positivität von allem, was es gibt;
  - den Zufall, den es nicht gibt;
  - die Urteilsfähigkeit jedes Menschen in allen Bereichen des Lebens.
- In Bezug auf das Fühlen kam zur Sprache:
  - die Wiedergewinnung des Urvertrauens;
  - jeder Mensch ist in seinem Innersten gut;

– Vertrauen erweckt Vertrauen;
– es gibt Gerechtigkeit für alle.

Wenn Sie noch etwas Zeit und Geduld mit mir haben – wobei ich hoffe, dass Sie nicht übersehen, wie viel Positivität in einer solchen Übung der Geduld für Sie steckt! –, erlaube ich mir, jetzt auch noch über den dritten der genannten Lebensbereiche, über das Wollen und das Handeln, ein paar Gedanken zu äußern. Sollten Sie den Vortrag etwas zu langwierig finden, können Sie bedenken, dass ich diesmal, was das knappe Reden angeht, im falschen Land geboren bin. Das Positive für Sie dabei ist, dass Sie in dieser Beziehung im richtigen Land geboren sind. Sehen Sie, alles hat auch seine gute Seite.

Wo es um das Wollen, um das Handeln geht, heißt die Frage, die sich Menschen immer wieder stellen: «Was soll ich tun?» Keiner fragt: «Was soll ich denken?» – Gedanken sind etwas, was keiner sieht! Dasselbe gilt für das Fühlen, für alles innere Erleben. Aber das Handeln eines Menschen kann man sehen, und da will jeder sicher sein, dass er das «Richtige» tut. Sonst könnten sich die anderen in einer nicht gerade positiven Weise zurückmelden.

Ein Mensch lebt zum Beispiel mit jemandem zusammen, der schwer depressiv ist, oder sogar mit jemandem, der Selbstmordgedanken in sich trägt. Was liegt da näher als die Frage: Was soll ich mit einem solchen Menschen tun, wie soll ich mich verhalten? Weil jeder Mensch seine

Freiheit bewahren will, bleibt das, was wir unmittelbar oder äußerlich füreinander «tun» können, sehr begrenzt. Wir können uns gegenseitig die äußerlichen Mittel des Lebens zur Verfügung stellen. Jeder kann viel für den anderen wirken, aber sehr wenig in dem anderen bewirken. Der andere entscheidet, ob er die noch so gut gemeinte Hilfe annimmt oder nicht. Das Positive daran ist, dass jeder Mensch in seiner inneren Freiheit unangetastet bleibt.

Unsere Schwierigkeit liegt vielmehr darin, dass wir nur äußerliche, materielle Handlungen als ein Tun, als ein Helfen betrachten. Dabei übersehen wir, dass unsere Gedanken und Gefühle gerade dasjenige sind, was bei Mensch und Welt am allermeisten bewirkt, ohne die Freiheit anderer zu verletzen. So ist es ganz besonders mit Kindern. Was Eltern oder Lehrer mit dem Kind äußerlich tun, wirkt auf das Kind weit weniger als das, was sie innerlich sind: in der Welt ihrer Werte und Ideale, in ihrer größeren oder geringeren Liebeskraft. Dasselbe gilt für die Begleitung eines depressiven oder mit Selbstmordgedanken ringenden Menschen. Die an ihn gerichteten Gedanken wirken weit mehr als alle äußerlichen Taten, zu denen im Grunde genommen auch gehört, dass man mit ihm redet, weil oft jede Bemühung, mit Worten zu trösten oder Mut zu machen, als Eingriff in die eigene Freiheit erlebt wird.

Sie staunen vielleicht, dass ich gerade im Zusammenhang mit dem Wollen und Handeln das Denken wiederum besonders betone. Aber genau das gehört zum Positivsten des Lebens: dass der Mensch am meisten in seinem Denken zum Handelnden werden kann. Und dieses «Handeln im Denken» ist auch nach außen am meisten wirksam, am meisten erfolgreich. In der Welt seiner Gedanken kann jeder am meisten freiheitlich und schöpferisch schalten und walten. Und etwas zu wollen, bedeutet im Grunde genommen nichts anderes, als von einem Gedanken so begeistert zu sein, dass man nicht umhin kann, ihn in die Tat umzusetzen.

Nehmen wir an, ich sitze in meinem Zimmer und im Nebenzimmer ist mein schwer depressiver Freund. Ich kann mit voller Kraft folgende Gedanken denken: «Ich habe volles Vertrauen in dich, weil ich dich als Mensch voller positiver Kräfte sehe, nicht weniger als alle anderen Menschen. Deine Depression besteht darin, dass es für dich in dieser Zeit schwierig ist, solche guten Gedanken zu denken und all das Gute zu sehen, was du in dir trägst. Darum will ich sie umso stärker auch für dich denken. Du wirst staunen, dass du in dir wirklich alles Nötige hast, um aus deiner Depression herauszukommen. Den wichtigsten Gedanken möchte ich für dich als geistige Tat vollbringen und ihn dir hinübersenden. Das ist der Gedanke: ‹Eine Depression kann etwas sehr Positives für den Menschen sein. Wenn sie in Dankbarkeit und mit Ausdauer getragen wird, erzeugt sie Kräfte, die nicht-depressive Menschen gar nicht kennen. Wer mehr kann, von dem kann auch mehr verlangt werden.› Du kannst dein Leiden in Liebe für die heutigen Menschen hinopfern: Das wird für sie die beste Hilfe sein, um den Materialismus, für den nur die äußerliche Wirksamkeit wichtig ist, zu überwinden. Alles Leiden vertieft das Gemüt des

Menschen. Jeder Mensch hat im Grunde genommen in der Welt nur so viel moralisches Gewicht, wie er gelitten hat. Und wenn wir uns aus der Sicht des besseren Ich genug Positivität von einer Depression geholt haben, dann werden wir wieder herausgeführt. So wie unser besseres Selbst die Freiheit hat, uns da hineinzuführen, so hat es die Freiheit und alle nötigen Kräfte zur Verfügung, wenn es an der Zeit ist, uns wieder herauszubringen. Unser ‹kleineres Ich›, unser allzu menschliches Bewusstsein, braucht nur abzuwarten, wie lange das Positive der Depression dauert. Wir können immer darauf vertrauen, dass keine Depression ewig dauern kann. Gedanken sind reale Kräfte. Es ist meine tiefste Überzeugung, dass diese Gedanken, die ich für dich denke, von den Engeln zu dir gebracht werden und dir alle Kraft geben werden, die du nötig hast.»

Eine ganz große Schwierigkeit, die viele Menschen in Bezug auf ihr Wollen und Handeln empfinden, ist die sogenannte, überall beklagte Überforderung. Immer mehr Menschen fühlen sich ganz einfach überfordert: «Das muss ich erledigen, das darf ich nicht vergessen, für das bin ich unbedingt zuständig, das wird von mir erwartet, zu dem habe ich mich verpflichtet, das will ich mir nicht entgehen lassen, auf das habe ich eine Ewigkeit gewartet und für das und das habe ich einfach überhaupt keine Zeit.» Manche denken sogar: «Wäre es nicht schön, wenn der Tag 48 Stunden hätte?» Nein, das wäre ganz und gar nicht positiv: Es wäre für diejenigen, die sich überfordert fühlen, nur eine Verdoppelung der Überforderung, nur zweimal so viel Stress und Leistungsdruck. Wenn wir uns schon den ganzen Tag plagen und über alles Mögliche klagen, sind 24 Stunden pro Tag mehr als genug.

Fragen wir uns jetzt aber ganz im Ernst: Was heißt genau genommen Überforderung! Es heißt, dass ein Mensch sich für Dinge zuständig macht, für die er nicht zuständig ist. Kein Mensch und kein Gott kann von mir vernünftigerweise etwas verlangen, was ich nicht kann. Und was ich kann, das kann ich ja, wie soll ich da überfordert sein! Ich brauche mir nur immer wieder, mindestens 24-mal am Tag, den folgenden Gedanken in Erinnerung zu rufen: «Was ich wirklich nicht kann, geht mich nichts an.» Überforderung heißt also niemals, dass die Welt uns überfordert, sondern immer, dass wir uns selbst überfordern. Jeder braucht nur ganz realistisch zu überlegen, was er in seiner Lage kann und wofür er wirklich verantwortlich ist.

Wenn er das nicht immer gleich einschätzen kann, dann gehört das auch zu dem, was er nicht gleich kann. Er braucht nur ein bisschen Geduld mit sich selbst zu haben und sich die nötige Zeit zu gönnen, um immer besser herauszufinden, was in seiner Verantwortung liegt und was nicht. Er wird immer besser lernen, dass die positive Kunst des Lebens in dem Ringen um das Gleichgewicht liegt, um das Gleichgewicht zwischen den eigenen Begabungen und den Bedürfnissen der anderen. Jeder ist nur für diejenigen Bedürfnisse der anderen zuständig, für die er begabt ist, sie zu befriedigen. Das ergibt eine zweifache Überforderung, die uns immer wieder die positive Aufgabe gibt, sie zu überwinden. Die erste Überforderung erlebt der Mensch, der meint, Begabungen zu haben oder haben zu müssen, die er nicht hat. Er wird nur anhand der Rückmeldung der anderen – wenn er ihre größere oder geringere Zufriedenheit ernst nimmt – immer besser einschätzen können, wofür er wirklich begabt ist.

Die zweite Art der Überforderung erlebt derjenige, der sich für *alle* Bedürfnisse der anderen zuständig macht. Das Positive liegt in diesem Fall darin, dass er bald wird merken können, dass kein Mensch alle Bedürfnisse der anderen befriedigen kann. Man kann gerade tiefes Vertrauen in die Begabungen anderer üben, indem man ihnen die Befriedigung aller Bedürfnisse überlässt, die man nicht selber befriedigen kann. Vor allem im Ringen um das Gleichgewicht zwischen Begabung und Bedürfnis braucht man das berühmte unermüdliche Ausprobieren. Und ausprobieren kann jeder, sogar alles Mögliche kann jeder ausprobieren. Über die Positivität selbst der Fehler habe ich ja schon gesprochen. Wenn das nicht das Leben positiv macht, wenn das nicht genügt, um Vertrauen in den Menschen zu haben!

Vielleicht auch noch folgende Bemerkung zur Überforderung: Es scheint nicht wenige Menschen zu geben, die meinen, ihre Umgebung könne nicht ohne sie auskommen. Warum machen sie sich so wichtig? Haben sie vielleicht Angst, dass sich herausstellt, dass die Welt auch ohne sie bestehen kann? Hinter dieser Angst steckt wohl etwas anderes: Die Welt kann die äußerliche Arbeit eines jeden entbehren – jeder wird ja einmal sterben –, aber kein Mensch kann die Arbeit an sich selbst entbehren. Und die halbbewusste Angst kann nur daher kommen, dass man brutal mit der Unentbehrlichkeit der innerlichen Arbeit an sich selbst konfrontiert wird, wenn die Entbehrlichkeit des eigenen äußerlichen Tuns klar wird. Und da fühlen sich im Zeitalter des Materialismus die meisten von uns ganz schön überfordert! Für die innere Arbeit an sich selbst haben wir so gut wie keine Ausbildung bekommen und haben es entsprechend auch kaum geübt. Aber wir täuschen uns wiederum, wenn wir uns da überfordert fühlen, denn diese zweite Arbeit ist in zweifacher Hinsicht die positivste und die schönste. Erstens kann sie von jedem auf seine eigene Weise zu jeder Zeit in Angriff genommen werden, und zweitens ist sie die Arbeit, die am meisten Freude macht.

Ein Weiteres in Bezug auf Wollen und Handeln ist die heute immer weiter um sich greifende Sucht in Bezug auf «Erfolg». Jeder will erfolgreich sein. Nicht wenige Menschen leiden darunter, dass sie den Eindruck haben, in ihrem Leben gescheitert zu sein, oder schlimmer noch, von anderen Menschen als «gescheiterte Existenz» angesehen zu werden. Man erlebt dabei nicht nur Leistungsdruck, sondern auch viel Erwartungsdruck. Hier müssen wir uns aber ganz ehrlich fragen: Was ist Erfolg? Das Wort besagt, es ist dasjenige, was immer danach «folgt». Man tut etwas, und das Wichtige ist nicht dasjenige, was man tut, sondern das, was erst daraus «folgen» soll, der Erfolg! Dies bedeutet aber, dass man niemals in der Gegenwart glücklich und erfüllt ist, sondern dass man das Glück nur in der «Folge», irgendwann in der Zukunft zu erleben hofft.

Das ist kein besonders positives Leben, wenn man das Glück immer nur auf die Zukunft vertagt und sich in der Gegenwart mit dem Schuften für den Erfolg zufriedengeben muss! Zu dieser materialistischen Auffassung des Erfolgs, die den Erfolg nur in etwas Äußerlichem sieht, gibt es eine äußerst positive Alternative: die Entscheidung, sich in dem, was man gerade tut, erfüllt zu fühlen, in der Liebe zum Handeln zu leben. Das ist gerade, was das Kind erlebt, wenn es spielt. Dies erlebt jeder Künstler, wenn er wirklich erfindungsreich schafft. Er denkt nicht an irgendeinen äußerlichen Erfolg, der erst später irgendwann eintreten soll, sondern er geht restlos in der Freude am Schaffen auf. Vertrauen in den Menschen zu haben, heißt vor allem, zu wissen, dass jeder Mensch in seinem innersten Kern durch und durch ein Künstler ist. Sich als Künstler, als erfindungsreicher Künstler auch in den kleinsten Tätigkeiten des Lebens zu erleben, ist die höchste Stufe des Glücks, der höchste Lebenserfolg, den man haben kann.

Natürlich werden viele hier einwenden: «Das ist alles schön und gut, aber mein Beruf ermöglicht mir gar nichts von dem. Schön wäre es, wenn ich eine Arbeit hätte, in der ich mich etwas freier fühlen könnte, in der mir mehr Freiraum gegönnt würde. Ich habe nur die Freiheit, mehr oder weniger Geld zu verdienen, beziehungsweise ich habe nur die Freiheit, immer mehr Geld zu verdienen, wenn ich meine Familie ernähren will. Wo ist da die schöne Freiheit des Künstlers, von der hier geschwärmt wird?»

Zugegeben, die Lage in der Arbeitswelt ist nicht immer die beste. Aber gerade da ist in der letzten Zeit etwas absolut Positives entstanden: Unsere immer vollkommeneren Maschinen nehmen dem Menschen immer mehr Arbeit ab und schenken ihm immer mehr Freizeit. Die Millionen Arbeitslosen könnten als etwas durch und durch Positives angesehen werden, wenn die Menschen auch nur ein klein bisschen mehr Vertrauen in sich selbst hätten. Wenn die Maschinen immer besser alle notwendige Arbeit erledigen, hat der Mensch immer mehr Zeit, um alle freie Arbeit in Anspruch zu nehmen.

Auch die Auffassung des Berufs kann eine entsprechend positive Wandlung erfahren: In der früheren Zeit hat sich der Mensch oft mit seinem Beruf identifiziert – mit einem Äußerlichen –, weil ihm der Beruf ein ganzes Leben lang eine eindeutige Stellung in der Gesellschaft gab. Heute muss man bereit sein, mehr innere Beweglichkeit zu entwickeln, vielleicht mehrere Berufe oder Jobs, einen nach dem anderen, in Anspruch zu nehmen, weil der Beruf nur Mittel zum Zweck geworden ist: Der Beruf ist ein Mittel und der Mensch ist der Zweck, weil sie nicht mehr als Einheit erlebt werden können. Die verschiedensten Berufe zu Diensten der inneren Berufung auszuüben heißt: Was auch immer ein Mensch äußerlich macht, seine Berufung ist und bleibt die innere Erfüllung, die innere Entwicklung, die von ihm auf ganz individuelle und einzigartige Weise in jeder Art von Tätigkeit erlebt werden kann.

Den Beruf, Krankenpfleger oder Mutter zu sein, können Millionen von Menschen gemeinsam haben, aber die innere Berufung des Individuums besteht darin, innere Erfüllung dadurch zu erleben, dass er auf seine ureigenste, einmalige Art und Weise Krankenpfleger oder Mutter sein kann. Der Beruf ist das Was des Lebens, die Berufung das Wie. Und wie es im Faust so schön heißt: «Das *Was* bedenke, mehr bedenke *Wie.*» Nicht in dem, was ich tue, kann ich Glück erleben, sondern nur in meinem ganz besonderen Wie. Vertrauen in den Menschen zu haben heißt, die Überzeugung zu gewinnen, dass jeder Mensch eine «Art» für sich ist, weil jeder eine einmalige Art und Weise hat, die Dinge zu tun.

Zum Materialismus gehört auch, dass wir verlernt haben, den Menschen von seinen Taten zu trennen. Was ein Mensch ist und was ein Mensch tut, sind zwei Paar Schuhe. Das Problem für uns ist, dass dasjenige, was ein Mensch ist, unsichtbar ist – für uns so gut wie nicht vorhanden –, während die äußeren Taten aber sehr wohl gesehen werden. So identifizieren wir spontan den Menschen mit seinen Taten. Das tut die Mutter mit ihrem Kind nicht. Die «bösen» Taten des Kindes hasst sie umso mehr, je mehr sie das Kind liebt. Die materialistische Einstellung ergibt ein zweifaches Verhängnis: Einerseits gibt es die «Toleranzler», die nur dadurch den Menschen tolerieren können, dass sie alle möglichen unsinnigen und zerstörerischen Taten tolerieren müssen. Das nennen sie «Political Correctness». Sie meinen, wer die Taten nicht toleriert, toleriert auch den Menschen nicht. Auf der anderen Seite gibt es die «Intoleranzler» – weiter im Westen wird das «Zero Tolerance» genannt. Weil diese die bösen Taten der Menschen genauso wenig von den Menschen trennen können, hassen sie nicht nur die bösen Taten, sondern auch die Menschen, die sie vollbringen. Nicht nur die Handlung oder die Tat sehen sie als böse an, sondern auch den Menschen selbst. Und sie teilen dann die Menschen in Gute und Böse. Die Guten haben das Recht auf Leben, die anderen, die Bösen, sollen abgeschafft werden.

Jetzt sind Sie aber gespannt, wann ich die positive Tat vollziehe, meinen Vortrag endlich zum Abschluss zu bringen. Sollte der Vortrag etwas zu lang geraten sein, dürfen Sie Ihre Abneigung nur gegen meine schlimme Tat richten, nicht aber gegen mich als Menschen. Das war der Sinn der letzten Ausführung! Und übrigens, auch in Bezug auf einen schlechten Vortrag gibt es eine positive Seite: Das ist die Tatsache, dass die Aussprache umso mehr die Möglichkeit bietet, besser zu geraten als der Vortrag. Darum bin ich jetzt ganz gespannt, was Sie nach der Pause sagen werden.

Pietro Archiati hat in verschiedenen Teilen der Welt gelebt: in Italien, Laos, den USA, Südafrika und Deutschland. Er hat die Menschheit in unterschiedlichen Völkern und Kulturen unmittelbar erlebt. Heute wirkt er unabhängig von jeder Art von Gruppierung oder Institution.

Seine Herkunft und Ausbildung sind vom Geist des Christentums geprägt worden. Sein Bestreben, den Glauben durch Erkenntnis zu vertiefen, hat ihn vor fast dreißig Jahren zur Entdeckung der Schriften Rudolf Steiners geführt, die ihm zur wichtigsten Inspirationsquelle wurden.

In seinen Büchern, Vorträgen und Seminaren setzt er sich für eine wissenschaftliche, jedem Menschen zugängliche Erforschung alles Nichtmateriellen ein. Nur eine Überwindung des Materialismus, so meint er, kann der Menschheit eine hoffnungsvolle Zukunftsperspektive eröffnen.